# A lista
# de Ailce

Herbert de Souza

Betinho

# A lista de Ailce

Ilustrações:
LAURABEATRIZ

COMPANHIA DAS LETRAS

Capa e projeto gráfico:
*Hélio de Almeida*

Revisão:
*Ana Maria Barbosa*
*Carmen S. da Costa*

Dados Internacionais de Catalogação na Publicação (CIP)
(Câmara Brasileira do Livro, SP, Brasil)

Souza, Herbert de, 1935-
A lista de Ailce / Herbert de Souza. — São Paulo : Companhia das Letras, 1996.

ISBN 85-7164-632-5

1. Crônicas brasileiras I. Título.

96-5414 CDD-869.935

Índices para catálogo sistemático:
1. Crônicas : Século 20 : Literatura brasileira 869.935
2. Século 20 : Crônicas : Literatura brasileira 869.935

1996


EDITORA SCHWARCZ LTDA.
Rua Bandeira Paulista, 702, cj. 72
04532-002 — São Paulo — SP
Telefone: (011) 866-0801
Fax: (011) 866-0814

# SUMÁRIO

*Quem nasce, morre, mesmo em Bocaiúva.*
*Há uma fatalidade terrível com a eternidade.*
*Ela é a morte definitiva. Não é o começo de outra vida.*

*Agradeço a todos os mortos da lista de Ailce*
*pela oportunidade feliz de ter escrito este texto.*
*Minha eterna gratidão.*

*Este livro levou 61 anos para ser escrito,*
*mas poderá ser lido em uma hora.*

# A lista de Ailce

CAPÍTULO

1

# O CENÁRIO

Bocaiúva não é uma cidade urbana, é pessoal. Em 1988 completou cem anos. Todas as pessoas se conhecem e se cumprimentam, gostem ou não, desde a fundação. De alguma forma são todos parentes. Ali parece que todas sabem que vão morrer, mas não avisam as outras. As pessoas não têm documentos, têm história. Quando nasci e vivi lá, deveria ter 10 mil habitantes, hoje deve ter o mesmo. Mas, segundo a Prefeitura, ela possui uma área de 5733 quilômetros quadrados, uma população de 66 mil habitantes e 25 mil na sede do município. Pode até ser verdade, mas tenho minhas dúvidas. Dez mil me parece um bom número. Bocaiúva tem um hospital, três clínicas, treze médicos, quatro farmacêuticos, quase todos meus parentes, dez dentistas e trinta e cinco enfermeiras. Tem quatro postos de gasolina e, como não cabia em si, se expandiu para o mundo. Hoje temos a Pequena Bocaiúva, município do nordeste de Minas, e a Grande Bocaiúva, cidade planetária escolhida durante o eclipse total do Sol, em 1945, segundo alguns através de um pedido de José Maria de Alkmin, segundo outros através de uma opção precisa, científica e impessoal do sistema planetário.

O fato é que onde exista uma pessoa nascida em Bocaiúva, define-se uma extensão territorial para além das fronteiras do município. A Grande Bocaiúva hoje tem a seguinte configuração: Bocaiúva (sede central e intransferível), Montes Claros, Curvelo, Corinto, Pirapora, Cordisburgo, Serro, Milho Verde, Neves, toda a Bahia, Belo Horizonte, Recife, Olinda e Caruaru, Fortaleza e Natal (onde viveu o Henfil), São Paulo e

Campinas, Rio e Niterói, Rio Bonito e Itatiaia, parte de Rezende, favela da Maré, Vigário Geral, Saquarema, Zaíra (Mauá, São Paulo), Glasgow, Paris, Green Village e Nova York, Berlim, Holanda, Lisboa, Tóquio, a fronteira com o Paraguai, Santiago do Chile, Toronto, Montreal e Québec, Trois Rivières, Bogotá, Buenos Aires, Rosário e Mendonça, Panamá, Nicarágua, Havana, Montevidéu e Lima, Cajamarca e Piura, Cali, Argel, Angola, Moçambique, Guiné Bissau e São Tomé, São Francisco, Nova Delhi e Djacarta, Timor Leste, a parte setentrional da China e o Oeste da Austrália, Havaí e Haiti, Kiev. Como se pode ver, Bocaiúva é a única cidade mundial do planeta.

A Grande Bocaiúva não está ainda completa e poderá expandir-se indefinidamente por meio de inscrições via Internet no seguinte endereço: http:\www.grandeboca@.ax.ibase.org.

Bocaiúva tem produção própria de coisas, mas o que mais importa na sua produção são as pessoas; elas valem mais do que qualquer PIB municipal. Já teve e tem cristais, usados na guerra contra os nazistas, criadores de gado, tiradores de leite, muita migração, um bonito cemitério, com flores e paz, a igreja do Senhor do Bonfim e, segundo cartas do meu avô Rodrigo, sempre esteve à frente do progresso mundial construindo casas e postos de saúde. Não tem pontes nem viadutos, não precisa. Mineiro não passa por baixo.

CAPÍTULO

2

# A LISTA DE AILCE

Sei que tem muita gente que gosta de ler os necrológios nos jornais. Eu mesmo me vejo obrigado a seguir atentamente todas essas notícias, como se fosse um dever meu. Já chorei por mortos que nem conheço. Mas não estou sozinho nessa tarefa. Existe muita gente vigilante tentando saber quem ainda vive e quem já morreu. Inclusive porque essa é a única notícia certa publicada nos jornais. Sobre a morte não há dúvida. Pode haver dúvidas sobre as circunstâncias, autores, causas, mas não sobre a própria. Tudo na morte é discutível, menos a própria.

Por isso todos os jornais publicam reportagens e notícias das mortes e, por iniciativa própria, os necrológios. Ultimamente os necrológios andam meio banalizados, misturados com outras notas, variedades. Necrológio é coisa séria e merecia ir sempre na primeira página. Todas as mortes merecem primeira página.

Foi pensando nisso, e vivendo há muito tempo longe de Bocaiúva, cidade onde nasci, em 1935, que escrevi a minha prima Ailce perguntando sobre quem havia morrido e que eu de alguma forma conhecia. Quem vive? Quem já morreu em Bocaiúva? Meu tio Lou morreu? A dentadura mais branca que conheci, e um enorme apetite. Aquele que foi intérprete de inglês, no tempo do eclipse solar de 1947, para os cientistas americanos sem saber uma palavra de inglês (veja reportagem de *O Cruzeiro* na época). O sucesso de tio Lou (Luiz Zacarias de Araújo) só foi abalado quando os americanos mastigaram o pequi, enchendo a boca de espinhos terríveis que quase comprometeram a expedição científica americana e, conseqüentemente, a própria teoria da relatividade de Einstein. Dizem que o erro de tradução de Mister Lou só não teve conseqüências internacionais mais graves para o Brasil graças à mediação diplomática de José Maria, que conseguiu falar com o próprio Einstein, alertando para o vexame de uma expedição científica inteira caindo na esparrela de comer pequi como se fosse farofa — de espinhos.

Mas fiquei sabendo. Tio Lou morreu, com mais de noventa anos, pelos meus cálculos. Perguntada Ailce, que conhece todo mundo e sabe dos vivos e mortos e suas causas e razões, levou um certo tempo para responder, mas a carta finalmente chegou, no dia 23 de agosto de 1996, com uma lista quase completa, apesar de parcial porque se referia somente àquelas pessoas que ela pensava que eu conhecesse. E passo a transcrever:

*Betinho, você vai me desculpar porque não me lembro das pessoas que morreram e quais as que você conhece. Geralda Pinto, Terezinha, Elizabete e José. Geraldo Drumond, Sinval, Dema e esposa e Oswaldo Menezes. Neuza Drumond e Gerolisa e irmãs. Sinhô e Negrinha. Genesco, Rita, dr. José, Lia e Socorro, Marcos e Luiz Araújo. Seu Lou e Antoninha. Bento Carmélia, Hildegardo e Pedrinho Figueiredo. Padre Quirino e Nely, Bilu e Flora, Antônio Carneiro e Sincero. Brázida e Rosarinha, Florinda Pires. Bento Alkmin e Iô, Augusto Caldeira. José Azevedo e esposa Dinah. Geraldo Azevedo. José Souza e esposa. Afrânio e Ranulfo Caldeira. Antônio Rui e José Figueiredo. Antônio Carneiro, Carlos Murta e Anízia. Edson Murta. Oswaldo Costa, Eva e Mirtes. Wilson Caldeira. Gentil, Argentino e irmãs, José Meira e esposa. Paulo Mansur. José e Antônia Brandão. Padre Agostinho, padre Pedro e padre*

*Alderico. Laura e Glória Vieira, Nieta e Balu. Antonio Augusto Vale e Luíza, sua esposa.*

*Compadre, agora não tem pequi, quando tiver mandarei. Um abração, extensivo a comadre Maria e Henriquinho.*

*Ailce*

Ailce fez a lista mas não morreu, senão não a teria enviado. Vive viúva e apaixonada pelo ex-marido até hoje na Grande Bocaiúva, em Montes Claros. Quem morreu foi seu marido René, o primeiro aviador da região. Voou num avião monomotor de 1940 a 1956 sem cair. Com o avião conquistou definitivamente o coração da prima e a admiração de todas as moças da área. No tempo do trem, René Santa Cruz Caldeira voava como se fosse um pássaro alado com seus óculos de piloto e um blusão de couro marrom-escuro. Era um sucesso vê-lo no ar, dando voltas para avisar o campo de aviação e toda a população de que estava chegando do céu como um anjo. Um dia amanheceu com um calafrio e morreu, segundo os médicos de parada cardíaca, ou, em outras palavras, do coração. Lá em cima devia fazer muito frio.

Nessa lista cada nome é uma história de um livro inteiro, mas aqui só cabe um pedacinho de cada uma. Mas um pedacinho em que cabe uma morte inteira e definitiva.

Sinhô era sobrinho de José Maria Alkmin, o grande José Promessa da política mineira, que, sendo amigo de Juscelino, foi vice-presidente de Castelo, que cassou JK. Sinhô foi para a Segunda Guerra como voluntário, sem nenhuma necessidade, só para ser herói, já que em Bocaiúva só era filho de Duca e sobrinho de José Maria. Sobreviveu a uma granada e a uma amputação de perna congelada, que não fez, e voltou como herói de guerra em plena cidade natal, mancando; morreu herói para sua cidade, ignorado pelo Brasil, apesar do tio que teve. Mas em Bocaiúva foi herói *full time* e passeava pelas ruas como se estivesse em desfile de pós-guerra.

•

Genesco, o maior contador de histórias do país e talvez do mundo, que se tivesse escrito teria batido Guimarães Rosa e Gabriel García Márquez, entre outros. Genesco tinha como arte contar histórias dos amigos, reais e inventadas, onde o personagem principal era sua própria mulher, a quem gozava de forma constante e impiedosa. Ouvir Genesco era uma glória, e a gente tinha vontade de que ele repetisse a mesma história incessantemente. Não tinha televisão nessa época, o rádio apenas começava. Genesco era a multimídia.

Ele era Caldeira, uma família conhecida por sua tradição de grandes contadores de história, entre os quais se situava o marido, já morto, da irmã de minha mãe, Dasdores (viva). Morreu ele, morreu Rita, sua mulher e talvez a fonte de toda a sua inspiração. Antes de morrerem, viveram muito — e como! Gozando, mentindo e fazendo rir. Um ser imprescindível e raro.

•

Lia, filha de Genesco, foi minha noiva com dezenove anos ela, eu com cinco anos. Namorava minha noiva em Ribeirão da Neves, no colo dela. Um alumbramento. Uma mulher linda, doce, suave, lisa, um encanto sem limites para a minha idade. Tirei fotos, sonhei com a felicidade eterna quando tinha apenas cinco anos! Lia acabou com nosso noivado quando apareceu Pedro, que se casou com ela e me roubou minha primeira noiva e meu primeiro amor. Por tudo isso ele deve estar no purgatório e ela no céu. Foi preciso mais de seis anos de Lacan com Nasar para descobrir que Lia era na verdade minha mãe. Por isso o namoro foi tão bom.

•

Socorro, filha de Florinda. Socorro foi outro amor meu. Vestida de vermelho-vivo, e por dentro uma morena que mandava na minha emoção de criança, o céu na terra, a vontade de carinho, o namoro, a paixão, a loucura, a busca de viver cada instante, o estoque de meu amor de criança ainda sem limites. Pois é, tudo passou, ela se foi, não sei com quem se casou, a quem se entregou. Só sei que não tive essa sorte. Perdi, sei hoje que morreu, virou minha história sem nenhuma realização, mas que memória!

Eu via Socorro na fazenda de Florinda, onde fui passar uns dias depois do eclipse de 47 e antes de 1950, prazos certos. De noite, junto da fogueira de sabugo de milho, deitados no couro de boi, olhando estrelas e pensando, e vendo ela ali ao alcance da mão e totalmente distante de mim como pessoa física. Ela era tão linda e tão inacessível, um milagre de concreta e abstrata, um quadro, um sonho, e no entanto uma pessoa, talvez mais acessível do que minha imaginação pudesse pensar. A imaginação tem o dom de fazer as coisas inacessíveis mesmo quando elas estão ao alcance da mão.

A gente ia para a fazenda num Ford 29 por estradas de carro de boi, passando por córregos, buracos, uma aventura. Era Bocaiúva à frente do progresso. Lá era aquele comidão toda hora, a noite dos papos, o cigarro de palha, e as histórias reais e inventadas que viravam verdade quando a noite chegava.

Aranhas-caranguejeiras que caíam do teto na hora do jantar, cobras que caíam nas camas na luta por comer os ratos do telhado. Lá aprendi com um carapina, vendo, como se faz um carro de boi a partir da escolha da árvore! Como preparar peça por peça, com cuidado e precisão de carapina. Que tempos! Foi curto, mas ficou eterno.

•

Geraldo Azevedo trabalhou na penitenciária de Neves, na fazenda-modelo onde eu ia com meu pai para ver os bois e vacas que jamais soube diferenciar pelas aparências externas até que passei a chamá-los todos de boi-vaca.

Geraldo um dia estava sentado na porteira do curral quando um touro holandês, que fica louco de repente sem ser inglês, atacou a porteira, pegou Geraldo com os chifres e o jogou no chão, tentando logo a seguir cometer assassinato premeditado (influências da penitenciária). Geraldo escapou por pouco, mas também morreu por obra do tempo. Se ele morresse naquela época talvez eu tivesse a chance de ficar com sua égua branca, linda, mas que era dele.

•

O pai de Alaíde e Ailce, Augusto Ephraim, meu tio-avô, era um sistemático bravo e colecionador de tudo, além de chefe do correio local. Meu tio tinha um quarto cheio de primeiras coisas: primeiro selo Olho de Boi, primeiro *Diário Oficial*, primeiro tudo. O quarto era fascinante e ele deixava eu entrar para ver. Como eu vivia doente na cama, tio Ephraim juntava todos os barbantes dos correios e me dava para tecer cordas. Eu levava um tempão fazendo cordas inúteis que nunca usava, mas era fascinante tecer, mesmo sem sentido. O tio sabia a árvore genealógica de toda Bocaiúva, ninguém escapava. Tinha uma inteligência comprida e uma paciência curta. Vivia nervoso e indignado com o mundo.

Depois que meu tio morreu, alguns pesquisadores e curiosos pediam para conhecer esse museu particular e o foram dilapidando. Isso irritou profundamente prima Alaíde, que decidiu acabar com o resto jogando num poço no fundo do quintal: ninguém vai se aproveitar do trabalho de meu pai! E assim acabou o primeiro e último museu de Bocaiúva.

Alaíde viveu os últimos anos de sua vida sozinha na casa da família, janelas e portas fechadas e cercada de cristais da época da guerra, quando surgiram minas por todos os lados em Bocaiúva. Havia uma energia louca nessa casa habitada pela solidão. Segundo Ailce, Alaíde morreu em meio a grandes sofrimentos e desenganos, como sempre havia vivido. Nem vale a pena lembrar, para não se ficar triste. A morte pode ser diferente, não precisa ter sempre esse peso, esse carma. Morrer é o ato mais simples da natureza, pode vir sem esses acompanhamentos desnecessários.

•

Bento e Carmélia, um casal perfeito e calmo, cheio de filhos e parentes agregados, entre eles o Hildegardo, com jeitos delicados mas por ninguém desrespeitado porque era meio excepcional. Bento, pai de Nô, João, Marcolina e vários outros, tinha uma loja de tudo. Eu me lembro de linhas, tecidos e sapatos, mas tinha de um tudo, uma espécie de shopping pré-moderno. Bento, a calma em pessoa; Carmélia, a pessoa calma e aquela vida tranqüila de quem tinha emprego fixo dentro da própria casa. Eu ficava na loja, quando ia a Bocaiúva para ver Marcolina, a quem namorei no meu coração por algum tempo mas nunca na realidade das coisas. No meu olhar ela era linda como uma manga rosa, mas ela gostava de outro mais velho do que eu, que trabalhava na loja do pai. Mesmo assim eu ia para a casa dela tocar violão e cantar boleros românticos para ver se conseguia o milagre de conquistar seu coração.

Em vão, ela gostava só da música, eu sobrava. Eu cantava era para mim e não sabia.

Depois de viverem juntos para sempre, Bento e Carmélia morreram também para sempre.

•

João César, parecia eterno, mas morreu. Tinha a magreza seca de quem não precisa morrer, mas morreu. A cada ano o primo nos visitava em Belo Horizonte. A família se reunia plena para ver e ouvir o tio-primo, mas só conseguíamos ver, porque ouvir não era possível, ele não falava. Nos olhava cuidadosa e impiedosamente durante duas horas, em silêncio absoluto, mas atento. Nós na sala e perplexos. Passadas duas horas inteiras ele então concluía: "É, a conversa está muito boa, mas tenho de ir embora". E saía em direção a Bocaiúva tal como tinha vindo, de trem, mala com capa de pano e guarda-pó. E esperávamos pela próxima visita, no próximo ano, que seria igual.

Primo César suicidou-se. Tanto silêncio só poderia terminar em morte, e mais, o primo teve uma grande decepção em sua vida. Tinha um amigo de infância a quem vendeu uma fazenda, entregando a escritura antes de receber o pagamento. Seu amigo de infância passou-lhe a perna e não pagou nada. Primo apaixonou-se e, não encontrando meios, coragem e disposição para matar o amigo, matou-se com um tiro na cabeça.

•

Gentil, tenho vagas memórias dele, mas tenho certeza de que ele existiu e agora sei que morreu. Todo mundo conhecia Gentil — por que, exatamente, ele não entrou nas minhas memórias? Não sei. Por que conheci mais Salorinda, a mendiga louca, do que ele, o Gentil normal? Coisas de Bocaiúva.

Já que falei nela, aumento aqui a lista de Ailce com Salorinda. Uma louca que vivia sozinha no meio do mato, num pasto de não sei quem. Negra, magra, suja, mas muito ela e totalmente sozinha. As famílias de Bocaiúva visitavam a cabana miserável para levar comida e também, por que não, colher murici no mato. Unia-se o útil à caridade. Ela recebia todo mundo sem agredir ninguém, mas também sem falar nada, e lá ficava na sua imensa solidão só possível para as loucas. Um dia, ou noite, não se sabe, fogo pegou em sua casa e ela morreu como vivia, sozinha, queimada.

Criou-se um vazio na cidade e ficou um lugar a menos para se ir nos finais de semana. Sobrou murici.

CAPÍTULO

3

# OS PADRES

Padre Agostinho, holandês ou belga, de todo jeito estrangeiro que chegou a Bocaiúva no tempo da Segunda Guerra, já neurótico pelo que havia visto e sofrido na Europa. Com o tempo a coisa piorou, e ele levava cada vez mais tempo para celebrar uma missa. A questão ia normal até a consagração. Quando chegava a hora das palavras "este é o meu corpo, este é o meu sangue", ele empacava e não conseguia seguir adiante, nunca terminava e repetia uma, mil vezes as palavras, sem saber ao certo se as havia dito ou pensado, se era fato ou impressão, se o pão e o vinho haviam virado Deus ou se continuavam pura natureza. E ninguém conseguia fazer nada. Ele era o padre. Todas as pessoas esperavam pacientemente até que ele saísse do impasse, não se sabia como. Padre Agostinho morreu sem grandes vacilações, com a idade, e sua morte não teve repetição, morreu só uma vez como todo mundo. O que me faz lembrar de padre Agostinho era o fato de ser estrangeiro e vestir uma batina branca, nada mais. Nessa época eu pecava e não sabia.

•

Padre Alderico, outro europeu, não tão neurótico mas também padre, com todas as suas manias, batina branca, missa todo dia, muita confissão, muita beata ao redor, na igreja do Senhor do Bonfim. Mas por que o Senhor do Bonfim só gostava de padre estrangeiro? Algum sentimento antinacionalista ou falta de padre nacional naquela época? E por que os estrangeiros iam parar em Bocaiúva e não iam para Montes Claros, terra do Darcy Ribeiro? Esse fato nunca foi esclarecido, a preferência do Senhor do Bonfim por padres neuróticos de guerra e europeus. Parece que havia um acordo secreto entre a Cúria Romana e a Comunidade Econômica Européia. Havia mais padre neurótico por metro quadrado de beata, e o povo é que sofria, principalmente na Festa do Galo.

A festa do Senhor do Bonfim era o grande acontecimento da cidade na região, cuja fama chegava até Montes Claros, que não era longe.

Semanas de preparação, semana de festas, muitos foguetes, quermesse, prendas, banda de música, pau-de-sebo, muito negócio de boi na porta da igreja, muito namoro dentro, entre olhares furtivos porém certeiros, apesar de mineiros. Pecar na igreja sempre foi mais gostoso. O que mais me impressionava nessa festa era a luta entre mouros e cristãos e as armaduras e lanças de lata dourada que ficavam dormindo, esperando o dia da festa. Parecia que Roma habitava na casa de minha avó. Brilhavam e pareciam perigosas e terríveis, e na verdade eram apenas fantasias. As crianças levavam tudo isso a sério e ficavam esperando a guerra, a única que ocorria em Bocaiúva.

O Senhor do Bonfim não está na lista de Ailce, mas, segundo consta, também morreu para nos salvar, só não sabemos ainda é se conseguiu. Mas a festa acontecia e acontece apesar disso, todos os anos, com edital, programa, muito namoro, casamento e filhos depois, filhos do Senhor do Bonfim, com todo o respeito. A morte do Senhor do Bonfim era uma festa para Bocaiúva, afinal um Deus morria lá todo ano e se produzia uma senhora festa. Deus morria para fazer a nossa festa.

A igreja do Senhor do Bonfim tinha um problema grave: dava as costas para Bocaiúva e estava voltada para Montes Claros.

•

Ainda na lista dos padres tinha o padre Pedro, branco, alto, forte e extremamente ativo, não sei se era brasileiro ou estrangeiro, mas falava português e exercia liderança absoluta sobre todas as beatas, que eram muitas. Junto com padre Quirino, compunha o quarteto da Igreja Católica, que reinava soberana na cidade nada ecumênica. Protestante era palavra feia naquela época, e o bispo Edir Macedo, com a Igreja Universal, nem pensar. Ali era território livre de Roma.

CAPÍTULO

4

# AS MULHERES DE VANGUARDA AVANT LA LETTRE

Laura e Glória Vieira, irmãs de Eli, o seleiro. Laura e Glória eram duas libertárias femininas, seguramente estavam na vanguarda do movimento de emancipação da mulher, mesmo sem saber e querer.

Viajavam sozinhas para todo lado, namoravam, gozavam a vida de forma própria e discreta, riam de tudo e sempre iam a nossa casa em Belo Horizonte. Laura foi lá uma vez para fazer uma operação no pescoço, devia ter bócio, sofria da tireóide, tinha um princípio de papo, não sei, porque não sou médico. Duas irmãs livres de preconceito numa cidade cheia deles. A família Vieira não era Figueiredo nem Caldeira, podia se dar a esses luxos. Elas me davam um certo medo pela liberdade que tinham, afinal podiam me seduzir, e o que eu faria?

•

Tia Antoninha, casada com seu Lou, era outra mulher absolutamente emancipada, brava e opiniática, só fazia o que queria. Em 1950 passei umas férias na casa dela e aprendi o que é uma mulher brava, doce e de opinião. Era revoltada com seu Lou por causa das amantes e o proibiu de dormir com ela. A partir daí nunca mais teve relações sexuais com o marido, e não permitia que ele tentasse se aproximar. Dormiam na mesma casa mas em camas e quartos separados. Fazia-lhe a comida e nada mais. Tomava conta da casa, já afastou ladrão a faca e tinha um cachorro rajado, de rabo curto, que era uma fera, solto só de noite. Ninguém botava banca com tia Antoninha, apesar de ela medir um metro e meio. Sendo casada, emancipou-se, e viveu sem meu tio na mesma casa toda a vida. Um exemplo que poucas seguiram em Bocaiúva; era a casada solteira e sem filhos dos anos 50, mais de quarenta anos antes de Leila Diniz.

Mas o fato mais importante na vida de tia Antoninha foi sua influência, até agora desconhecida, na vida afetiva de Einstein. Em uma conversa privada entre os dois, tia Antoninha percebeu que o cientista era manipulado pela mulher e o chamou às falas relatando sua própria experiência com tio Lou. Foi dura e taxativa como sabia ser. A conseqüência foi fulminante. Pouco tempo depois da conversa entre os dois, ela recebeu uma correspondência em que Einstein comunicava as medidas que havia tomado em relação à mulher, Mileva Maric:

A. Você tem que atentar para que: 1. minhas roupas estejam limpas e em ordem; 2. que me sejam servidas três refeições em meu quarto.

B. Você renunciará a toda relação pessoal comigo, a não ser quando elas forem necessárias para que mantenhamos as aparências socialmente.

O modelo Antoninha tinha sido implantado com toda a sua crueza, tal como acontecera com tio Lou. (Notícia publicada em *O Globo*, 24 de novembro de 1996, "O lado doméstico e sombrio do teórico da relatividade".)

•

Maria Leal, da idade de minha mãe — não se sabe de seus pais, já que foi criada por meus avós, Rodrigo e Mariquinha. Mulher pequena, inteligente, e que viveu com minha mãe até a morte, com Doença de Chagas. Está enterrada no São João Batista, no Rio. Veio de longe e já deve estar longe.

Leal sabia de tudo e tudo percebia, principalmente namoros e inclinações afetivas as mais escondidas, principalmente as minhas. Nunca se casou, mas sempre gostou de contar casos de namorados que não teve. Na verdade, tinha pânico de homem. Ajudou a criar a mim, Henfil e Chico, e só gostava mesmo era de nós, e não das "meninas".

Uma vez tentamos ensiná-la a ler. Foi impossível. "Leal: esta é a letra A, esta a B, esta a C. Agora repita!" E ela respondia: "Diz que é A, diz que é B, diz que é C". E não seguia adiante porque só confiava nela mesma. Quando o homem chegou à Lua, ela discordou veementemente: "Estive olhando a Lua o tempo todo e não vi ninguém chegar lá!". Não acreditou jamais, mas não foi ignorância, foi pelo espírito científico de só acreditar no que experimentava.

Maria Leal gostava de plantas, bichos, pedrinhas e algumas pessoas. Se tivesse freqüentado Lacan, seria psicanalista imbatível, mas só praticou por conta própria. Nunca fez didática.

Em 6 de julho de 1955, depois da morte de Getúlio, quando estava na Grande Bocaiúva (Belo Horizonte), Maria Leal recebeu uma carta de seu padrinho, seu Rodrigo:

> *O Zacharias me disse que esperava você para assistir à festa do Senhor do Bonfim, e no entanto não veio. Você deve escrever para o Zacharias marcando o dia de sua vinda.*
>
> *Do padrinho que a abraça,*
> *Rodrigo Antônio de Araújo*

Uma carta aparentemente banal, mas não era. Queriam Leal na festa e em viagem de trem.

Viajar para Bocaiúva era uma mão-de-obra, um dia e meio de trem da Central do Brasil, passando por Corinto, Curvelo, Engenheiro Dolabela e várias outras partes de um grande mundo cortado pela Maria Fumaça, com almoço no meio.

Leal cozinhava e fazia o que queria. Sua comida não era boa, era sem tempero e sem graça. Ela era feminista, não cozinheira. Mas no fundo havia uma briga sem solução entre mamãe e ela. Mamãe pensava que mandava nela, ela pensava o contrário. As duas empataram o tempo todo. A homenagem maior da família a essa que foi metade mãe de todos nós foi uma música do Chico Mário, que a colocou na história no lugar devido.

CAPÍTULO

5

# OS MÉDICOS

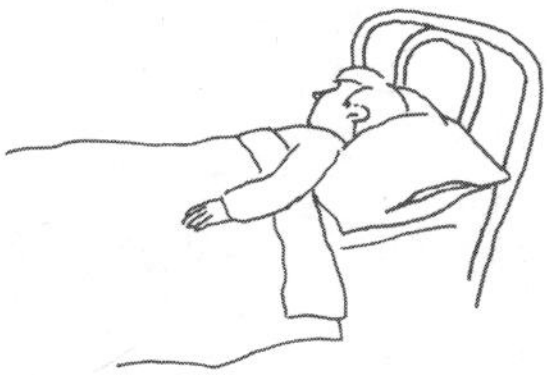

Eli, o irmão mais novo de Laura, era seleiro e me fascinava. Eu passava tardes inteiras vendo Eli fazer selas; aprendi, de olhar, tudo sobre selas, todas as etapas e artes, e creio que hoje, vendo uma, seria capaz de fazer uma boa cópia, até uma curvelana. Eli um dia apareceu com febre e uma dor aguda do lado direito, perto da virilha. Dr. Gil diagnosticou febre em conseqüência do trabalho insalubre com o couro das selas. Tratou da febre e Eli morreu de apendicite supurada. Erro médico, morte inapelável do melhor seleiro e talvez o único de Bocaiúva. Além de Eli, morreram de outras mortes seus irmãos Saul e Juarez. A família original, se isso existe, praticamente acabou, pelo menos a que conheci quando criança.

Todo tipo de sela, silhão para mulher andar de lado, cabresto, arreio boiadeiro, lumbinho, socado para o puro batente do pasto, sela acolchoada para os dias de festa, texana, curvelana, a mais bonita e cara. A sola sempre molhada, para receber os desenhos e bordados, em muito limão, que lhe dava um cheiro especial. Sovela, linha, furador, ferros de todo tipo de desenho, cola inebriante, debrum, marcadores de madeira, alisadores, martelos especiais. A sela ia saindo passo a passo, no método de cada coisa depois da outra em ordem lógica, com paciência. Sela com santo-antônio, estribo, rabicho, o gancho para poder dependurar sem machucar a peça. A barrigueira. Quanta arte não morreu com Eli. Para mim a sela era mais importante que o cavalo. Dela eu não caía.

•

Outro erro do dr. Gil foi com Vicente, meu tio-avô, irmão de minha avó Mariquinha. Vicente devia estar, já com seus setenta anos, com câncer. Morreu aos urros quando o dr. Gil lhe fazia massagem na próstata madrugada adentro. Bocaiúva escutava horrorizada os gritos de dor de Vicente, uma figura doce e muito Figueiredo.

Foi aí que eu fiquei com medo do dr. Gil e nunca mais quis ser tratado por ele, já que eu também sabia que ele era bom fazendeiro mas muito ruim para tratar de gente. E se eu tivesse próstata? Dr. Gil não parecia mineiro, falava tudo que pensava e pensava alto; era, para nossos moldes, um bruto cheio de dentes na boca, apetite voraz para tudo, inclusive mulheres; sua mulher era forte e brava e vivia aos berros com o médico seu marido, na vista de todo mundo e por causa de uma amante do dr. Gil — coisa comum na cidade, mas não os berros, porque em Minas não se grita nem em leilão. Dr. Gil, apesar de médico, acaba de morrer, é o último da lista de Ailce, informação dada por telefone, via Embratel. Soube que Vicente sorriu de alívio.

O meu primeiro médico, e de quem gostava, era o dr. Ari Teixeira, clínico-geral da penitenciária de Neves, onde vivi a maior parte de minha infância. Naquela época a hemofilia não era conhecida, nem havia tratamento possível, mas ele era o meu Rasputin. Chegava em casa, sentava numa cadeira no meu quarto, enrolava um cigarro de palha e começava a contar histórias. Eu ficava deslumbrado e esquecia a dor que infernizava a minha vida, principalmente minhas noites.

Dr. Ari me curava temporariamente, mas curava, me dava alívio por meio do hipnotismo de sua fala. Além disso fazia umas fórmulas à base de salicilato que aliviavam minha dor, menos pelo salicilato, que era contra-indicado para hemorragias, e mais pelo fato de vir dele. Ele era médico da penitenciária e os detentos gostavam dele. Às vezes apareciam com umas dores estranhas para escapar do trabalho. "Doutor, tenho uma dor!" Ele dizia: "É atravessada? Vem daqui e passa para ali?". "Isso mesmo, doutor!" "Pois essa dor não existe, vá trabalhar!"

Dr. Ari, depois de me fazer tanto bem e merecer o céu, morreu com uma doença que paralisava sua boca, sua língua e o impedia de comer. Foi um grande médico e tenho saudades dele até hoje. Minhas dores hoje são outras, mas ele seria o mesmo, com suas histórias de médico da alma.

CAPÍTULO

6

# OS MENDIGOS

Morreram também, e não estão na lista. Os mendigos de Bocaiúva, daquela época, eram só três verdadeiros e um falso, além de sra. Lourinda, que era miserável mas não pedia nada. Em Bocaiúva não cabiam mais que três mendigos verdadeiros.

•

Havia o cego que andava de casa em casa na hora do almoço. Ele chegava na janela e batia com força de fúria com uma lata vazia. Todo mundo corria para atender ao impaciente pedinte. Era todo dia, e ele nunca passou fome com essa forma eficaz de pedir — ou exigir — atendimento. Devia escolher as casas segundo a qualidade da comida, e o cheiro que chegava da cozinha. Escolhia.

•

E o Raimundo, exemplo das mães quando mandavam os filhos tomar banho: "Se você não tomar, vai ficar que nem o Raimundo!". Era infalível. Todo mês a Prefeitura dava um banho à força no Raimundo, fazia-lhe a barba e trocava sua roupa. Serviço completo. Ele aparecia novo em folha. No final do mês voltava a ser o exemplo a não ser seguido. Eu sempre tomava banho por causa disso, apesar de todas as complicações de tomar banho em bacia. Nessa época não havia chuveiro ou banheira, eram bacias grandes ou pequenas, segundo a idade e o tamanho. A do meu avô era imensa, e era dela que eu gostava.

•

Outro Raimundo era o Raimundo mudo, que meu pai utilizava no cinema mudo que teve em Bocaiúva. Ele ia buscar os filmes na estação da Central e depois tocava a manivela da máquina de projeção. Quando o filme o interessava, ele tocava com apuro e precisão; quando se desinteressava, tudo virava câmara lenta. Raimundo não pedia esmolas, mas vivia da caridade pública, não falava, mas trabalhava também, como queria.

•

E finalmente, já prenunciando a modernidade, apareceu o falso mendigo com uma falsa ferida na perna, até que foi descoberto pela Prefeitura e posto para fora do mercado. Durou pouco. Bocaiúva só comportava mendigos verdadeiros — e poucos. Nessa época ninguém dormia nas ruas de Bocaiúva, nem crianças, nem adultos, nem mendigos. Todos tinham onde passar a noite, mesmo na miséria.

CAPÍTULO

7

# OS LOUCOS E OS SISTEMÁTICOS

Em Minas, na maioria dos casos, não há loucos, eles são poucos, mas o que existe, e muito, são os sistemáticos. Os pobres, quando entram nos desvios da razão, são loucos, malucos, mas quando são "de família" são apenas sistemáticos, por mais loucos que sejam. Não sei das estatísticas, mas Bocaiúva estava cheia de sistemáticos. A família Caldeira, a Figueiredo (incluindo meu tio-avô, Augusto Ephraim, e meu próprio avô), e tantas outras, tinham sua dose de sistemáticos que viviam em paz na companhia de suas famílias, com a cidade mas em outro mundo, o do sistema, maníacos às vezes depressivos, às vezes expressivos, inteligentes e incompreensíveis para a cultura local. O verbo era cismar.

Alguns cismavam de não sair de casa, ficavam sentados nas suas cadeiras o tempo todo, outros eram colecionadores de tudo, outros não paravam de assobiar, outros não tomavam banho nunca, outros só falavam de um tema ou de política o tempo todo, sem ter de que falar.

Enfim, não eram loucos, eram sistemáticos, não agrediam nem faziam mal a ninguém. Estavam internados na própria casa.

•

Dentro dessa categoria, mas muito especialmente, estava o Zé Coelho, o fogueteiro, ou pirotécnico da cidade. Ele fazia todos os fogos da festa do Senhor do Bonfim e tinha na sua casa uma loja de foguetes. Acontece que era epiléptico, com uma particularidade: quando tinha uma crise e acordava, pegava um pedaço de pau e saía doido atrás do primeiro que visse até perder o rumo ou acertar a cabeça da vítima. Fora isso, era querido por todos.

Uma noite, Zé Coelho estava trabalhando fazendo foguetes quando teve uma crise, derrubou a lamparina e começou um incêndio espetacular em sua casa-loja. Bocaiúva pegou fogo junto com ela. Foi foguete por todo lado, numa festa linda de fogos e desespero. A cidade correu para apagar o fogo, secaram-se três cisternas, mas tudo foi embora em menos de uma hora.

Depois disso Zé Coelho piorou e foi internado em Barbacena, para morrer poucos meses depois, seguindo a tradição do local, que recebia e acabava com seus pacientes com enorme e fatal eficiência. Zé Coelho, o fogueteiro, morreu, e a cidade ficou órfã de fogos e artifícios. Mas a festa não acabou, ninguém acaba com foguetes.

CAPÍTULO

8

# OS RAROS NORMAIS

O carpinteiro seu Francisco também morreu, e com ele eu aprendi a carpintaria possível para minha idade, cinco anos. Enxó, martelo, plaina, serrote, pua e muita arte no tratar a madeira. Mas o que mais me atraía era o cheiro do cedro, da sucupira, do ipê, do jacarandá e de várias outras serragens que pareciam perfume francês, além de serem ótimas para despertar o apetite. Até hoje me sinto capaz de fazer qualquer coisa em carpintaria, sem modéstia, graças a esse professor que nem sabia que estava me ensinando apenas porque deixava eu ficar ali olhando. Fazia móveis e, quando necessário, caixão de anjinho. Nessa época era raro. Seu Francisco era normal.

CAPÍTULO

9

# OS PARENTES

O primeiro a morrer, ainda criança, foi meu irmão José Maria. Era hemofílico e parecia saber que não viveria muito. Partiu para a vida fazendo tudo que podia: jogava água fria em tacho de sabão, em panela de gordura, tentava o suicídio de várias maneiras, até que conseguiu subir e cair de uma cômoda alta, batendo com a cabeça nos cacos de um vaso que se quebrou. Teve uma hemorragia interna e o dr. Gil disse que era meningite, e não era.

•

Dona Mariquinha e seu Rodrigo, meus avós, também morreram. Dona Mariquinha, mulher baixa, valente e autoritária, mandava na família e adjacências, inclusive, e principalmente, meu avô Rodrigo Antônio de Araújo Abreu, que apesar do nome extenso e pomposo não conseguia se afirmar frente à pequena Mariquinha. Ela era Figueiredo, prima do general Figueiredo, que foi ditador muitos anos depois, no tempo da ditadura militar pós-1964. Talvez haja aí alguma coisa genética. Mas que azar, já não bastava a hemofilia?

Dona Mariquinha era a mãe-grande, e minha mãe a mãe-pequena; ela mandava também na nossa família e batia com vara de marmelo em todas as minhas irmãs, Tanda, Zilá e, principalmente, Wanda, assim que elas desciam dos pés de goiabeira, coisa que só a Wanda, a mais nova, fazia. Vara de marmelo é considerada a melhor (ou pior) vara para bater em crianças, é flexível, fina, verga, mas não quebra nunca. Um terror; machuca, mas não educa, diria Piaget. Mas dona Mariquinha nunca leu Piaget, inclusive porque ela era anterior a ele e nunca seguiria seus métodos, tinha os próprios. Quando ela morreu, Wanda, minha irmã, foi comemorar no fundo do quintal cantando músicas de carnaval. Mais tarde ela me confessou que foi o dia mais alegre de sua vida, e eu acredito. Ela foi, de toda esta lista, a única pessoa que eu vi morta.

Viajei com minha mãe de Neves para Bocaiúva para ver vovó Mariquinha deitada na cama, cara fechada, longas tranças, morta e depois bem enterrada. Defendia o voto feminino em 1940, e os homens da cidade, inclusive José Maria Alkmin, temiam-na e com razão, não tinha papas na língua e só respeitava a ela mesma, e mais, não dependia de verba de ninguém. Era a própria sociedade civil autônoma e independente, uma espécie de ONG mulher.

Dona Mariquinha escrevia para mamãe querendo ser mãe-grande de longe, queria saber de tudo: se a Glorinha estava gorda, se eu havia engordado, se meu pai havia melhorado da dor de cabeça, e assim passava em revista toda a família, deixando minha mãe cada vez "mais pequena" e ela "mais grande".

•

Seu Rodrigo, meu avô, morreu com 95 anos. Morreu com uma vasta história a ser contada e que não cabe aqui. Era esquecido a ponto de reclamar da calça sem braguilha porque vestida ao contrário, de tentar colocar o cinto como se fosse uma gravata e, principalmente, de se perder em várias circunstâncias dentro do município onde nascera, além de correr da própria sombra em noite de lua, assombrado. De tudo isso dona Mariquinha tomava nota e tomava conta. Era escrivão, vivia escrevendo cartas sobre Bocaiúva, e lia religiosamente, todo dia, o *Diário Oficial*. Sabia de todas as nomeações e demissões no serviço público.

Quando foi morar lá em casa, em Belo Horizonte, seu Rodrigo dormia no meu quarto de tuberculoso, e eu, em agradecimento, fazia escorpiões de cera para assustá-lo — e conseguia. Dormia de ceroulas e achava cueca muito indecente. Rezava um terço pela família toda noite, e tentava me convencer a sair com ele em Belo Horizonte, prometendo: "Vamos de bonde e voltamos de lotação!". Quando passava na linha do trem ainda pegava as brasas pensando que era ouro. Enfim, seu Rodrigo de Araújo Abreu, meu avô, viveu o dobro de minha avó porque era muito esquecido: quase se esqueceu de morrer.

•

Geraldo Caldeira Brant, casado com minha tia Dasdores, funcionário público federal, IBGE, de Minas. Como todo Caldeira, sistemático. Ficou noivo de minha tia durante nove anos; finalmente se casaram e tiveram um filho, o Eustáquio. Lembro-me dele consertando ferro elétrico com todo o sistema e cuidado, desmontando o ferro, peça por peça, e colocando cada uma no lugar certo para remontar depois; mesmo assim, às vezes sobrava uma.

Nossa maior aventura e trabalho em comum foi consertar uma cadeira que deveria ter um milhão de tachinhas. Arrancamos uma a uma, lixamos, pintamos e ficou uma merda no final, mas foi uma obra que nos tomou inúmeros fins de semana de trabalho. Nunca entendi por que fizemos aquilo, mas fizemos. Ele, talvez por ser mineiro, sabia tudo de estatísticas religiosas, contava todas as missas, comunhões, confissões, crismas e outros atos sagrados. Sabia sobre católicos, protestantes e ateus. Eu, pessoalmente, nunca soube se ele próprio acreditava em Deus. Hoje, depois que ele morreu, Deus sabe, eu não.

•

Minha mãe, dona Maria Conceição Figueiredo de Souza, prima do José Maria de Alkmin e do João Baptista Figueiredo, mas sem culpa. Teve dezesseis partos, perdeu a metade, sobraram oito e finalmente cinco, até agora. Sempre foi doméstica, católica, mineira desconfiada e descrente das pessoas por princípio. Custou a se decidir a casar com papai, até que recebeu uma carta tipo xeque-mate:

*Exma. Srta. Maria C. Figueiredo,*
*Respeitosas saudações*

*Ao começar essa, peço licença a V. Exa. para te importunar com as minhas paulificantes frases.*

*Como até hoje ainda não tive o prazer de receber uma resposta definitiva, quer de V. Exa., quer dos seus pais, tomei a resolução e a audácia de ver as suas últimas palavras neste assumpto, para assim resolver a minha vida.*

*Que foi audácia da minha parte, ao pedir-te em casamento, com tão pouco tempo que me conheceu, tenho certeza que sim; mas estas cousas são desculpáveis, principalmente tratando-se de pessoa que tem pouco juízo, não achas? Que não me tens amizade nem tão pouco simpatia estou farto de ver e saber.*

*Que tens um a quem amas e tem paixão por ele, também já o conheço, mas nada destas cousas me incomodam, se elas são mesmo deste mundo, mas, no ponto em que está só me resta saber a tua resolução final, com relação atrás ficou dito e ao tempo, para assim ficares com as minhas extensivas horas que fico em sua casa, servindo de aborrecimento a ti, e amolando a seus pais.*

*A resposta desta, com a maior urgência possível, será para mim uma táboa de sal-*

*vação, para não passar por moleque perante seus pais.*

*Terminando sem saber neste momento como hei de chamá-la, se futura ou ex-noiva.*

*Subscreve o de V. Exa., o muito respeitador;*

*Henrique de Souza*
*19/9/1923. Bocaiúva.*

Se meu pai não tivesse dado o xeque-mate, minha família talvez fosse outra. Dona Maria não soube resistir ao forasteiro de Pirapora. O outro talvez fosse mineiro demais para competir. Seu Henrique sabia escrever cartas como essa com apenas o segundo ano primário. Mas o amor faz coisas.

Dona Maria morreu com 86 anos sem saber, porque já estava com uma esclerose que não deixava sua memória funcionar, a não ser no curtíssimo prazo. Morreu como um passarinho e foi direto para o céu, sem passar por nenhuma mediação. Sua vida daria uma enciclopédia de fatos, sofrimentos e resistências. Bastava ser mãe de hemofílicos e depois perder Henfil e Chico de AIDS em 1988, depois de um tremendo sofrimento. Mas teve muito mais coisas que sua alma contabilizava entre uma novena e um terço em família. Dona Maria não cabe neste texto, fica só o registro de sua morte recente e o fato de que, como mãe, foi industrializada pelo Henfil, que a transformou numa espécie de mãe do Brasil durante os tempos da luta contra a ditadura.

Quando minha mãe completou 71 anos eu estava exilado no Canadá, em Toronto, em 1976, e fiz uma espécie de balanço de nossa história de família, principalmente dela:

*Toronto, 3 de junho, 76.*
*Dona Maria,*

*71 anos! Quanta vida e quanta luta! Mas hoje, olhando para trás, que distância nos separa das ruas e do mercado de Bocaiúva, Dindinha Niquinha, dr. Gil, Bell, da vida de Neves e dos amigos que se espalharam pelo Brasil, de Belo Horizonte e da casa da rua Outro Preto...Quanto tempo e quanta coisa que ficou para trás!*

*Olhando tudo isso e os frutos que saíram dessa árvore, até que podemos nos alegrar, a senhora tem de que se alegrar.*

*Na família não há um explorador do povo ou do trabalho alheio, não há um que tenha dado as costas às suas origens pobres, vivendo hoje a indiferença dos ricos. Cada um com seus problemas, mas sem certas dores na consciência que tiram o sono e a dignidade de muita gente. Enfim, creio que seguimos o caminho do velho Henrique e da dona Maria: viver, trabalhar e tratar de fazer tudo com dignidade, mesmo que custe caro e seja duro. Que mais pode esperar uma mãe de oito filhos?*

*A senhora pode viver e dormir tranqüila cada noite. Seus frutos estão por aí... tem um pedaço deles até no Canadá. Pense na mãe de Delfim Netto (que mandava e desmandava no Brasil nas costas dos militares, fazendo o tal bolo dos ricos que não foi dividido até hoje), num Fleury, que matava quem queria e da forma mais cruel que podia, num Filinto Müller... que tristeza ser mãe nessas condições!*

*Quanto a nós, vamos bem. Daniel virá passar uns dois meses comigo aqui, em julho, da Suécia. Maria cada dia mais linda. Saúde e paz. O verão chegando e com ele os anos e a maturidade: vou fazer 41! É de espantar.*

*Dê um abraço a todos e notícias também. Qual o novo trabalho do Chico, e como vai? A cada um o nosso abração, não esquecer a Leal.*

*Beijos do filho*
*Betinho*

Minha mãe era uma mulher particularmente desconfiada. Pouco tempo antes da

Anistia, em julho de 79, ela me escrevia dizendo:

*Vocês estão pensando em voltar! Eu acho maravilhoso, mas ainda não estou muito confiante não. Vamos ver como é que fica. Quem já apanhou demais fica sempre cabreira, não é? Mas a gente está sentindo um clima melhor; a gente fica esperando com esperança de ver vocês voltarem. Eu fico vendo o meu filho e sua mulher e o filho Daniel abrir a porta e entrar e dar um grande abraço e muitos beijos, que alegria! E andar pela cidade sem preocupação de estar sendo vigiado. E fazer biscoitos e outras coisas gostosas se Deus quiser.*

Quando o Henfil escrevia uma coluna chamada "Primo Figueiredo", ela perguntava, desconfiada: "Será vantagem?".

•

Seu Henrique José de Souza, meu pai, era da Grande Bocaiúva, nasceu em Pirapora, viveu em Bocaiúva, Neves e Belo Horizonte e morreu em 1962, de enfarte, na Santa Casa de Misericórdia. Pirapora tinha praia, e isso fazia toda diferença, era uma espécie de Rio de Janeiro plantado no interior de Minas. Foi de tudo na vida, e principalmente meu pai. Eu o amava, e admirava tudo que fazia e contava. Teve um curriculum invejável de autodidata, mas o que mais sabia fazer era rir, comer, dançar e gostar de sexo, música e da vida, apesar de trabalhar feito um danado para criar uma família grande, que ficou maior que ele. Seu Henrique foi filho de fazendeiro falido, trabalhou no comércio em Pirapora, foi maquinista na construção da ponte da estrada de ferro da Central do Brasil, dono da *Padaria Central, de Henrique de Souza, pães, bolachas e biscoutos diversos, R. D. Pedro II, Bocaiúva, EFCB, Minas*.

Foi dono por muito pouco tempo de um cinema que apresentava, em junho de 1934, "*A dama misteriosa* no Cine Glória, a maior revelação de Greta Garbo, auxiliada por Conrad Nagel, nove partes, da Metro. No próximo domingo *O veleiro de Xangai*, outra grande produção da Metro em sete partes, interpretada por Kay Johnson — a loura Madame Satã — e Conrad Nagel".

Era cinema mudo. Foi, aliás, de um artista alemão do cinema mudo que veio meu nome Herbert, tão estranho para terras do norte de Minas. Meu pai teve, além disso, armazém, foi juiz de paz do distrito de Bocaiúva, nomeado pelo governador Olegário Maciel, em 17 de abril de 1931, quatro anos antes de eu nascer, foi prefeito de Bocaiúva, nomeado por Benedito Valadares, no tempo de Vargas.

Quando saiu, a população fez um abaixo-assinado pedindo que ficasse, já que sua saída representava um "colapso para Bocaiúva, que sonhou um dia com sua entrada, o seu grande sonho de realizar o seu destino histórico de colaborar oficialmente para a grandeza nacional". Como se vê, o sentido de grandeza da Grande Bocaiúva já estava inscrito nesse abaixo-assinado, mas meu pai teve de dar as costas à história e voltar para ser almoxarife da penitenciária de Neves, e depois gerente da funerária da Santa Casa de Misericórdia de Belo Horizonte. Meu pai escapou da globalização.

Meu pai era um pouco gago, mas só no telefone, e escrevia à máquina de datilografia com dois dedos e muito rápido. Ele atendia o telefone gaguejando: "Serviço funerário!". Desligavam, pensando que era trote. No tempo da guerra, ainda em Neves, ficava ao lado do frei Leopoldo escutando a BBC de Londres, num rádio Phillips de oito válvulas, sem entender inglês. Seu Henrique foi a coisa mais sólida que conheci quando criança —

era meu pai. Quando morreu, em 1960, a Prefeitura de Bocaiúva decretou luto oficial por três dias e deu o caso por encerrado. Morreu também oficialmente, como convém a um ex-prefeito.

•

Zilá, minha irmã mais velha que eu, nascida em Bocaiúva, morreu em Belo Horizonte há dois anos. Cismava que era minha mãe, o que me provocava ódio e indignação, porque não era. Foi minha orientadora intelectual e moral. Foi por intermédio dela que entrei para a Ação Católica e virei gente. Trabalhou desde os quinze anos e seu primeiro emprego foi na penitenciária de Neves, depois virou funcionária pública federal, foi da JIC, militante de tudo, e sua última viagem foi a Cuba, logo depois morrendo, mas sem culpa, foi fatalidade natural porque todo mundo morre mesmo, quando o coração pára.

Zilá foi vanguarda em muita coisa, nasceu militante, e a única coisa errada que fez em sua vida foi ter tentado ser minha mãe. Morreu feito um passarinho na av. Afonso Pena, quando contava a um amigo as maravilhas de sua viagem a Cuba. A outra coisa errada que fez comigo foi ter deixado vê-la nua de costas quando tinha dezoito anos e eu oito. Dormia no mesmo quarto comigo, em Belo Horizonte. Essa visão impossível me perseguiu até Lacan chegar.

Henfil e Chico também morreram, mas não eram de Bocaiúva, por isso não têm por que entrar nesta história, apesar de serem da Grande Bocaiúva, mas se eu seguir esse critério não acabo nunca, e livro só existe se for escrito e tiver um fim. E é muito doloroso falar sobre o imenso sofrimento deles, seres a quem eu amava. Eram os dois telefones que eu sabia de cor.

•

Tia Stela, virgem solteira, irmã de minha avó, Figueiredo, cabelos compridos e trançados, nunca lavados mas sempre limpos, escovados com pente fino por horas a fio. Vestidos impecáveis, novos com quinze ou vinte anos. Memória absoluta para datas de nascimento, mortes, batizados, crismados e outras efemérides. Sabia de todos os aniversários, chegava a corrigir registro de nascimento. Eu mesmo fazia aniversário dia 4 de novembro e ela descobriu que era dia 3 à meia-noite. A característica essencial de tia Stela era o pessimismo: "Tia, ganhei na loteria!". Ela logo comentava em voz baixa: "Dinheiro não traz felicidade". "Vou fazer uma viagem de férias!" "Cuidado, acidentes ocorrem sempre nas férias." Era imbatível. Sempre estava em casa quando nascia alguém e ajudava a criar enquanto podia, e a gente agüentava quanto pessimismo havia numa pessoa só. Viveu passando de uma casa a outra, servindo, servindo e, sempre pessimista, deve ter achado a morte uma sorte sua. Prêmio Nobel do pessimismo mineiro.

•

Na lista de Ailce faltam vários nomes, como Orozimbo, que já nasceu velho e assim o conheci, cuja maior qualidade, além de ser Figueiredo, era ter uma parreira muito fecunda no seu quintal, e a generosidade de nos deixar comer as uvas deliciosas. Falava e voava baixo.

Outro era Augusto Caldeira, o primeiro namorado de Tanda, minha irmã. Terno branco, bonito, mauricinho. Machucou o coração apaixonado de minha irmã, que, no entanto, teve a sorte de se casar com Arnaldo, que, além de estar vivo até hoje com três pontes de safena, é um ótimo sujeito.

Arnaldo foi meu primeiro analista. Aos dezoito anos pus na cabeça que não poderia ter relações sexuais porque poderia ferir o pênis e sangrar até morrer. Um quadro de terror. Meu analista de Bagé foi taxativo: "Vagina não é abridor de latas!". E deu o caso por encerrado.

Em plena época JK da indústria automobilística, Arnaldo teve a idéia de montar uma fábrica de esporas para sustentar sua imensa família. Quanto mais o carro chegava nas capitais, Arnaldo ia vender esporas no grande interior do Brasil. Onde chegava, já havia um carro. Faliu, mas fez esporas maravilhosas e eternas.

Falta ainda Liliu, meu amigo de infância, dono de uma egüinha branca, objeto de meus desejos de hemofílico. A egüinha de Liliu só podia se chamar Xibiu. Eu queria andar na égua e o Liliu, com lábia de artista, sempre encontrava uma razão para não ser agora. Ela estava cansada, agora com uma ferida, grávida, emprestada, chateada, perigosa e me levava na conversa com tal habilidade e gentileza que nunca fiquei chateado e sempre voltava à carga. Liliu era um doce em forma de gente e a prova era sua enorme paciência com as crianças e comigo. Hoje entendo que ele me protegia, com medo de que caísse da egüinha. Liliu também deve ter morrido como um passarinho, já que viveu tão leve como um deles. Só não tinha bico e asas para não dar na vista.

CAPÍTULO

# 10

# O POLÍTICO JOSÉ MARIA ALKMIN

Nascido em Bocaiúva, irmão gêmeo da Duca. Ele pequeno e magro, ela grande e gorda. Dizem que José Maria começou a fazer política ainda na barriga da mãe, quando propôs um negócio para Duca: você fica com o corpo, eu fico com o cérebro. Ela aceitou e ele ganhou. Conheci José Maria na penitenciária de Neves, onde não estava preso: era o diretor, e havia levado minha família junto para trabalhar com ele. Fomos. Ele ia almoçar lá em casa, mamãe era sua prima, e foi aí que fui enganado pela primeira vez por um político, aos quatro anos de idade. Eu pedia a ele um cavalinho e ele prometia: "Sem dúvida nenhuma!". Eu sonhava com o potrinho, de olhos abertos. Passava o tempo e nada. Quando eu cobrava, ele dizia: "Sabe o que aconteceu com seu potrinho, Betinho? Ele cresceu, virou cavalo, vou buscar um outro". A razão era fortíssima e indiscutível, levei vinte anos e muita análise para descobrir que havia sido enganado para meu próprio bem, para não cair do cavalo.

Zé Maria era mestre em fazer dessas coisas.

Uma vez um preso condenado a trinta anos de prisão se rebelou, pegou um chucho e disse que só se entregava morto! Chamaram o diretor, Zé Maria.

— Que é isso, seu Raimundo? Por que esse desespero, essa arma?

— Seu doutor, não agüento viver aqui trinta anos, prefiro matar ou morrer.

— Mas seu Raimundo, o senhor pensa que vai pagar essa pena toda de uma só vez?

— Como assim, seu doutor, não vou cumprir trinta anos?

— Sim, mas não de uma só vez, vai ser ano a ano, posso lhe garantir!

— Ah, bom. Assim é diferente! — disse aliviado o Raimundo, entregando o chucho ao pequeno diretor de tanta lábia.

José Maria foi diretor da penitenciária, provedor da Santa Casa de Misericórdia de Belo Horizonte, deputado estadual, federal, secretário de Finanças, ministro da Fazenda e vice-presidente da República no tempo da ditadura, com Castelo. Morreu, mas deve ter aprontado alguma coisa para entrar no céu, dado o acúmulo de promessas feitas e não cumpridas aqui na terra. Nunca disse não a ninguém, nem a mim, apesar de nunca me ter dado um cavalinho. Nasceu em Bocaiúva mas morreu na Grande Bocaiúva, Belo Horizonte.

José Maria sempre comeu na minha casa, mas não nos pagou um ticket refeição. Mineiro come, não paga.

Com raras exceções — dos suicidas, do Zé Coelho, que morreu em Barbacena, e dos poucos assassinatos e erros médicos —, esses mortos tiveram mortes tranqüilas. Morreram em suas casas, em suas camas, foram velados em casa pelos parentes e amigos. Foram mortes solidárias, acompanhadas, assistidas. Ninguém morreu em hospital, UTI ou entubado. Assim vale a pena.

CAPÍTULO

11

# OS ANIMAIS

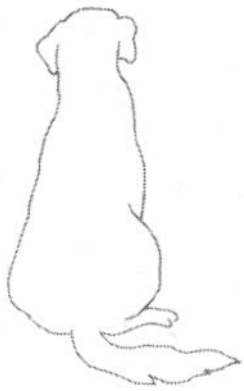

Depois que o Magri disse que cachorro também é gente e que em casa nós ganhamos o nosso, o Zico, não tenho dúvidas em acrescentar nesta lista um cachorro e um cavalo, que já morreram há muito tempo, com toda a certeza.

O cachorro tinha o nome de meu avô, Rodrigo. Grande, manso, meigo e muito preguiçoso. Não me lembro do Rodrigo fazendo nada ou servindo para alguma coisa, além de ser cachorro. Vivia nos cantos, dormindo, passando uma boa vida de fazer inveja. Não tinha que ir à escola, levantar cedo, tomar banho e outras obrigações normais. Afinal, mais do que ninguém, sabia que era apenas um cachorro.

O cavalo do meu avô tinha uma cor de açúcar queimado, Ouro Preto era o seu nome. Quando o conheci já era velho, manso e ruim de passo, só servia para crianças e vivia ao alcance da mão, no quintal da casa de meus avós. Um cavalo no quintal, isso é um luxo, *prêt-à-porter, just in time*. A sela que tínhamos em casa era dele, os arreios, o cabresto ensebado para durar muito. Ouro Preto não precisava de chicote nem espora, não corria nem em caso de incêndio ou necessidade premente. Não me lembro de sua morte, meu avô nunca me falou dessa morte, aliás ele só gostava de falar de doenças, nunca de mortes, não era seu assunto.

Fora esses dois animais humanos, devem ter morrido muitas galinhas para fazer molho pardo, algum peru de véspera —e só, porque afinal a casa de meus avós era de gente mesmo. Não é bem assim. Pensando bem, meu avô tinha um viveiro no quintal, cheio de canarinhos belgas, todos eles no céu há muito tempo. Lagartixas não contam, nem besouros, aranhas ou escorpiões — afinal esses não são humanos.

CAPÍTULO

12

# OS FANTASMAS

Sobre esses não existe controvérsia sobre se existiram ou não, mas quais foram e se ainda estão lá.

Havia a mulher de cócoras que era vista no corredor escuro de casa da vovó. Depois da meia-noite ninguém passava por lá para ir ao banheiro, por isso o penico debaixo da cama era tão fundamental. Essa mulher não era nova nem velha, nem alta nem grande, não se podia saber, estava sempre de cócoras e num canto com uma roupa branca. Nunca correu atrás de ninguém, mas muita gente correu dela. Não tinha olhos.

•

O carro de boi da meia-noite, que todos ouviam e ninguém via, por mais que perseguissem. Aparecia no norte, depois era escutado no sul, sempre à meia-noite. O carro rangia e circulava pelas alturas da imaginação de todos os medrosos da cidade.

A areia do cemitério, também de noite. Todos os que passavam pelo beco do cemitério saíam correndo quando a areia caía do alto de uma árvore imensa. Só areia, mas muito fantasma. Coisa séria, apesar de arenosa. Nunca se explicou por que em Bocaiúva o fantasma resolveu assumir essa forma, talvez saudades do mar, da praia que mineiro sempre teve, algum afogado. Dizem que Minas já teve mar. O lugar está lá, só falta a água.

•

Havia o fantasma das estradas, que aparecia aos cavaleiros nas noites sem lua. Ele ficava parado esperando a vítima, envolto em lençóis brancos. Quando se tentava chegar perto dele sentia-se um choque, uma repulsão violenta que eriçava os cabelos de qualquer um e não tinha nada a ver com o fogo-fátuo.

Na igreja do Senhor do Bonfim havia também muitos fantasmas, todos católicos e mortos em diferentes épocas, de pouca visibilidade porque sempre havia um lusco-fusco no fundo da igreja imensa. Não se sabe exatamente qual era a relação entre o Senhor do Bonfim e os fantasmas, mas alguma cumplicidade deveria haver.

•

Mas onde havia mais fantasmas em Bocaiúva era na imaginação das empregadas, que contavam história à noite para as crianças dormirem. Nada melhor que um fantasma para fazer uma criança dormir logo. Que o diga minha irmã Wanda: dormia sempre de olhos arregalados.

Os fantasmas mineiros não têm rosto, e isso os faz mais terríveis, porque nunca se sabe quem são nem para quem estão olhando, simplesmente estão lá. Os fantasmas de Bocaiúva aparecem preferencialmente para as crianças e os idosos, que têm mais olhos para vê-los ou percebê-los.

Os adultos estão ocupados com tantas coisas que dormem durante a noite. Os fantasmas gostam de igrejas e corredores escuros. No que se refere a Deus e o diabo, sabe-se que a coisa entre os dois está empatada em Minas, e em Bocaiúva principalmente, o que dificulta muito a vida dos fantasmas. Em Minas, Deus não manda no diabo nem vice-versa. O empate é perfeito e definitivo. Não se sabe por que, com a chegada da luz elétrica, o numero de fantasmas diminuiu sensivelmente na cidade. Talvez tenham migrado para Gubio, na Itália, lugar onde seguramente existe a maior concentração de fantasmas da Europa.

Meu primeiro encontro pessoal com o diabo foi em Bocaiúva, no quarto de meus pais, e de madrugada. Mamãe dizia que quem não rezava à noite o diabo vinha buscar. Nessa noite eu esqueci de rezar e ele veio. Parecia um bode, tinha chifres pontudos, um rabo grande que enrolava nas mãos e me olhava o tempo todo com olhar de cobiça. Eu abria os olhos, olhava para a parede, e lá estava ele. Eu virava e ele desaparecia. Parecia uma eternidade. Fiquei em pânico por um bom tempo e nunca mais deixei de rezar, em compensação ele não apareceu mais. Não sei dizer de que raça era, mas sei que era medieval. Sua função principal era fazer as pessoas rezarem todas as noites. Mais tarde na vida política encontrei muitos outros, mas eram mestres em disfarces.

CAPÍTULO

13

# O TREM

O trem de Bocaiúva também morreu e não consta da lista de Ailce. Morreu em quase toda Grande Bocaiúva. Era uma maria-fumaça da EFCB, carros de madeira, limpos. Apitava nas curvas. Era humano, cheio de curvas, de cheiros, de sons, de gentes e histórias. Levava a história de um lado para outro em todas as circunstâncias, política, aniversários, casamentos, correio, namoros, negócios. Parava de cidade em cidade para descer e subir, para comer e beber. Ao longo da estrada, muita erva-cidreira, muita criança dando adeus, muito olhar de saudade. Muito pastel vendido nas janelas, às pressas, muita farofa de frango para se comer no caminho, sem ônus adicional. Encontros e despedidas.

Quando minha avó morreu, vim de Belo Horizonte com mamãe para ver minha primeira morta. Era um deslumbramento sem fim. Meu pai trabalhou na construção da estrada de Pirapora para Bocaiúva e foi assim que se encontrou com minha mãe. O trem trouxe meu pai e me tornou possível.

Toda tarde Bocaiúva saía para a estação para ver o trem chegar, um acontecimento histórico de proporções incalculáveis. Era dele que chegava o cinema e tudo o mais que vinha de fora. O mundo vinha de trem. Fora do trem, só lombo de burro com um mês de viagem; nem ônibus, nem carro, nem caminhão. De trem, um dia e meio para ir de Belo Horizonte a Bocaiúva, com direito a leito de noite, lençóis limpos, brancos e macios. Ninguém é capaz de perceber o tamanho e o alcance de um trem neste mundo de Deus, só o maquinista e as crianças.

Foram matando o trem aos poucos, como fizeram no Brasil todo, por pura burrice, até que hoje só sobraram algumas estações — como a de Bocaiúva, Pirapora, Corinto, Curvelo —, todas iguais e pequenas, um telégrafo e nada mais. Todas as lembranças se esvaíram e tudo ficou mais vazio do humano. Tudo virou trem de carga, minério de ferro afundando a terra e deslizando para o nada. Adeus Itabira.

Eu, que deveria ser o primeiro da lista de Ailce, ainda estou aqui, e posso dizer, como o professor do filme, o Maestro de Kurosawa: *Madadayo*, que quer dizer "ainda não chegou a hora"!

*Rio, novembro de 1996*

P.S. Apesar de que escrevi este texto em condições de saúde nada favoráveis, foi um grande prazer. Agradeço a Ailce, que me deu a matéria-prima, e a Maria, que me fez escrever. Agora falta só o pequi, que já está a caminho.

# FICHA TÉCNICA

1. Lista de mortos de Ailce Figueiredo. Material principal do livro.

2. Inspiração original: Maria, eu e o quintal de Bocaiúva.

3. Música de frente e verso, grupo Uakti e Aldir Blanc.

4. Cartas do baú, gentileza de Regina e Tereza, netas e guardiãs das coisas de mamãe, Glorinha, Wanda, Filó e Tanda.

5. Tive pressa para escrever o texto. AIDS e medo de entrar na eternidade.

6. Este livro pode ser editado em toda a extensão da Grande Bocaiúva, com pagamento correspondente de direitos autorais, devidos.

7. Este livro não deve ser lido com fome ou febre, pode produzir efeitos colaterais indesejáveis.

8. Assessor para assuntos de selas e arreios, José Carlos, com desempenho a desejar nessa questão. Sua especialidade é passarinho, com destaque para curió.

9. Assessor de trens, dr. Walber Vieira, infectologista e de família ferroviária. Doutor emérito em pipas.

10. Assessor psicanalítico para pessoas sistemáticas, dr. José Nasar, que muito me ajudou a matar minha mãe, no bom sentido. Continua clinicando.

11. Pai muito especial, frei Mateus Rocha, também morto. Aprendi com ele que "Deus não nos deu o espírito do temor, mas da audácia" (1956).

12. Alma, Dorrit, mais viva do que nunca.

ISBN 85-7164-632-5

9 788571 646322

ESTA OBRA, COMPOSTA PELO ESTÚDIO O.L.M. EM COCHIN, TEVE SEUS FILMES GERADOS PELO BUREAU 34 E FOI IMPRESSA PELA GRÁFICA EDITORA HAMBURG EM OFF-SET SOBRE OS PAPÉIS PÓLEN BOLD DA COMPANHIA SUZANO (MIOLO) E STRATHMORE GRANDEE (CAPA) PARA A EDITORA SCHWARCZ EM DEZEMBRO DE 1996.